LK 495.

COMPTE-RENDU

DES

FÊTES D'ARRAS

ET D'AMETTES

LES 15, 16, 17 ET 19 JUILLET 1860

A L'OCCASION DE LA

BÉATIFICATION DE B.-J. LABRE

PAR

M. L'ABBÉ ROBITAILLE

Chanoine de l'Église d'Arras.

Prix : 10 centimes

ARRAS

TYPOGRAPHIE ROUSSEAU-LEROY

RUE SAINT-MAURICE, 26.

1860

IMPRIMATUR

Die 28 *julii* 1860.

P.-L., Episc. Atreb.

Bolon. et Aud.

Arras: typographie ROUSSEAU LEROY.

COMPTE-RENDU
DES
FÊTES D'ARRAS ET D'AMETTES

I.

Dire ce qu'a été le premier jour de notre triduo en l'honneur du Bienheureux Benoît-Joseph Labre, c'est impossible. Il y a des choses qu'il faut sentir pour les apprécier ; il faut avoir vu ce qui vient de se passer aujourd'hui, pour s'en former une juste idée. Déjà nous avons été temoin de cérémonies magnifiques, où semblait se réunir tout ce qu'un profond sentiment de foi dans les populations, joint aux plus belles manifestations du culte catholique, peut produire de plus touchant et de plus grandiose à la fois. Eh bien, nous le dirons, sans crainte de nous laisser aller à l'exagération, jamais nous n'avons eu sous les yeux un spectacle semblable à celui auquel nous venons d'assister. Jamais l'élan de la piété n'a été plus unanime ni plus chaleureux ; jamais mouvement religieux plus calme, plus consolant, plus admirable ; jamais foule plus compacte et plus empressée, et, néanmoins, plus respectueuse et plus édifiante. La ville toute entière emplissait la cathédrale et presque toutes les rues, laissant à peine place aux habitants des villages et des villes accourus de tous les coins du diocèse pour apporter leurs hommages à l'humble enfant de l'Artois que l'Église permettait de mettre sur ses autels.

La Religion avait déployé toutes ses pompes; elle y était représentée par un Membre éminent du Sacré-Collége, par vingt-quatre Archevêques ou Évêques rassemblés de toutes les parties du monde, comme pour offrir au Bienheureux le tribut d'amour de l'univers catholique, par plus de trois cents prêtres du diocèse et des diocèses voisins, par les Communautés religieuses et les pieuses associations laïques du pays. Aussi entendions-nous dire à nos côtés pendant la procession : « Le tableau le plus riche et le plus éloquent restera tou- « jours au-dessous de la réalité. »

La semaine avait été consacrée à la décoration de la Basilique, dont le chœur, les stalles, la chaire et les portails étaient ornés de tentures en velours rouge et d'écussons divers, représentant alternativement les armoiries de l'Évêque et du Chapitre. Un dais d'une grande richesse surmontait le maître-autel et recouvrait la belle châsse qui renferme la relique insigne, rapportée de Rome par Mgr Parisis; de nombreux candélabres placés dans l'intérieur de ce dôme, suppléaient, par le feu de milliers de bougies, à la lumière du jour, interceptée par les draperies onduleuses; plusieurs centaines d'arbustes et de pots à fleurs ingénieusement rangés en amphithéâtre, donnaient au sanctuaire l'aspect d'un parterre délicieux. De l'aveu de tous, l'ornementation était d'une élégance et d'un goût exquis, qui surpassait ce que l'on avait vu de plus beau dans nos contrées pour de semblables fêtes.

A huit heures et demie, Mgr le Cardinal Mathieu, archevêque de Besançon, officiait pontificalement devant les vingt-quatre Princes de l'Église, entourés de leurs vicaires généraux et du Clergé du diocèse. Mgr de Bonnechose, archevêque de Rouen, monta en chaire à l'évangile, et, après un exorde où il dit tout ce qu'il y avait de touchant et d'instructif dans une solennité si remarquable, dans ce contraste si frappant de tant de grandeur d'un côté et de tant d'abaissement volontaire de l'autre, il parla sur le culte des Saints, qu'il justifia par la tradition, par l'autorité de l'Église et par la raison elle-même. Sa Grandeur, douée d'une parole facile et d'un organe sonore, ne put cependant se faire entendre de tout le vaste auditoire qu'Elle avait devant Elle. C'est d'autant plus regrettable, qu'Elle s'est livrée à des considérations du plus haut intérêt et à des mouvements d'une véritable éloquence.

La messe en plain-chant accompagné, exécutée par un chœur de trois cents voix presque toutes du grand et du petit Séminaire, est une nouvelle œuvre de M. Planque, chanoine titulaire, dont le talent est suffisamment connu pour que nous ne disions rien de cette composition, qui ne le cède en aucune façon à ses devancières. Nous savons que Nosseigneurs les Évêques ont adressé de sincères félicitations à l'auteur, tant pour le mérite intrinsèque de cette création musicale que pour la manière heureuse dont elle a été rendue.

La procession sortait de la cathédrale à deux heures, aux détonations de boîtes placées dans le Jardin des

Plantes. Des cavaliers d'honneur, composés de jeunes gens des meilleures familles de la cité, ouvraient la marche ; puis venaient les groupes divers des corporations et des pensionnats, portant leurs saints Patrons et les principales Reliques que possèdent la ville et le diocèse d'Arras. On le comprend tout d'abord, la pensée aussi simple que féconde qui présidait à l'organisation de ce magnifique cortége, c'était de former de tous ces illustres serviteurs de Dieu, comme autant de trophées pour honorer le triomphe du Bienheureux.

En tête de ces groupes, les portefaix en blouse bleue, chapeaux gris à larges bords et rubans blancs, portent la représentation de l'ancien Calvaire d'Arras, dont le souvenir est toujours si cher au cœur des habitants de la contrée ; ils sont suivis par la musique des Amateurs de Saint-Pol.

Arrive la châsse de sainte Berthe, issue de la famille royale, dont les ossements, mêlés à ceux de ses saintes filles, reposent depuis mille ans dans l'église de Blangy-sur-Ternoise et y reçoivent les hommages de toute la contrée, surtout au 4 juillet de chaque année, où la foule des pèlerins est de nos jours encore nombreuse et empressée comme aux plus beaux siècles de foi. Elle est portée par des ecclésiastiques et accompagnée par les élèves du pensionnat d'Hauteville.

La châsse de saint Druon, vénéré dans la petite église de Lépinoy, dépendante de la paroisse de Carvin, est portée par des bergers, dont il est le patron, parce qu'il garda les troupeaux pendant plusieurs années. La vie de pèlerin qu'il mena longtemps appelait naturelle la présence de ses restes sacrés dans la fête de notre Bienheureux.

Les reliques de sainte Bertille, de Mareuil, étaient entourées de jeunes filles portant des oriflammes, sur lesquelles on lisait les Litanies de la Sainte-Vierge.

Venait après, la châsse de sainte Isbergue, fille de Pépin-le-Bref, escortée de jeunes personnes de la ville d'Aire, vêtues de robes de moire de soie blanche et de voiles à étoiles d'or. Mgr Scott, doyen d'Aire et camérier du Pape, présidait ce groupe avec le curé de Sainte-Isbergue.

Les châsses de saint Erkembode, de saint Bertin et de saint Omer, apportées par M. Duriez, grand doyen, étaient suivies par les corps de métiers en costume, portant le buste et les reliques de leurs Patrons, ainsi que les symboles et les instruments de leur profession: les peintres, les menuisiers, les cordonniers, les ferronniers, les jardiniers d'Achicourt, etc. ; par les élèves des institutions des Sourds-Muets et des Jeunes-Aveugles, dirigées par les Sœurs de la Charité.

On voyait ensuite les Sœurs de la Sainte-Famille, les Franciscaines, dites Charriottes, les Sœurs de la Providence, les Augustines ; plus loin, les Capucins, les Frères des Écoles Chrétiennes et les Frères de Marie ; les châsses de saint Vindicien, de saint Ranulphe, de saint Hadulphe, de saint Vaast, le rochet de saint Thomas, archevêque de Cantorbéry, et le chef de saint Jacques, apôtre, derrière lequel marchaient douze prêtres en manteaux rouges figurant les douze apôtres, dont ils tenaient en main les insignes.

Les costumes des jeunes élèves des pensionnats des Dames du Saint-Sacrement et des Dames Ursulines avaient un costume d'une grande simplicité, sans doute, mais d'un goût et d'une élégance incomparables. Les premières portaient et escortaient la statue de la sainte Vierge, telle qu'elle apparut dans la cathédrale d'Arras en 1105, au moment où elle donna ce cierge miraculeux, dont quelques parcelles détrempées dans l'eau guérissaient infailliblement tous ceux qui étaient atteints de la cruelle maladie *des Ardents*; les secondes avaient à leur tête une bannière de la très-sainte Vierge et soutenaient une flèche gothique représentant celle de la célèbre chapelle de *Notre-Dame des Ardents*, située autrefois sur la Petite-Place, dont la base était l'étui d'argent du treizième siècle, objet d'art admirable, nouvellement restauré et qui contient encore quelques parties de la sainte Chandelle. On sait que les Dames Ursulines ont le projet de reproduire cette belle flèche au dessus de la tour de l'église qu'elles font construire en ce moment.

Après la députation de Lille, marchant sous la bannière de Notre-Dame de la Treille, les Dames des Églises-Pauvres et des Pauvres-Malades, les membres de la Société de Saint-Vincent de Paul, le Clergé du diocèse, les Chanoines étrangers, le Chapitre de la Cathédrale, précédaient Mgr l'Évêque d'Arras.

La musique de Bapaume, la musique du Collége d'Arras, la musique des Frères de Saint-Omer, la musique Municipale et celles du 18ᵉ de ligne, du 17ᵉ bataillon de Chasseurs à pied et du 3ᵉ régiment du Génie étaient placées à divers endroits du cortége, et alternaient avec un chœur de plus de trois cents chanteurs, dirigés par MM. Planque et Duhaupas.

Nous arrivons au cortége spécial du Bienheureux : d'abord sa bannière, puis les Orphelines de Sainte-Agnès, les Vieillards, les Orphelins de M. l'abbé Halluin, c'est-à-dire, les pauvres qu'il avait tant aimés et dont il avait été volontairement le plus nécessiteux ; enfin sa statue, placée dans un nuage, environnée d'anges et couronnée par la main de la Vierge immaculée, derrière laquelle se trouvait l'archange saint Michel terrassant le démon, image fidèle des victoires remportées par le Bienheureux sur le monde, sur l'enfer et sur lui-même. Cette statue, d'une pose statique et d'une expression toute céleste, est l'œuvre de MM. Duthoit, d'Amiens, et le monument qui la porte celle de M. l'abbé Dumont, doyen, curé d'Albert.

A la suite de ce char de triomphe marchaient les parents du Bienheureux, plusieurs membres du tiers-ordre de Saint-François, auquel il était agrégé, le Père gardien de la maison RR PP. Capucins de Paris M. le curé d'Amettes et quelques amis de la famille avec Mgr Haffreingue.

Enfin on apercevait Nosseigneurs les Évêques dans l'ordre suivant : Nosseigneurs de Saint-Claude, d'Amiens, de Nîmes, du Mans, de Quimper, de Liége, de Chartres, de Langres, d'Angoulême, de Poitiers, de Saint-Dié, de Bruges, de Laval, de Metz, de Beauvais, de Gand; Mgr Clifford, évêque Irlandais ; Mgr Quinn, évêque de

Brisband (en Arménie); Nosseigneurs les Archevêques de Rouen, de Santiago (en Amérique), de Tyr (in partibus), de Sens, de Cambrai, et Son Éminence le Cardinal-Archevêque de Besançon.

Le cortége se déploya sur une étendue de plus d'un kilomètre et demi dans un ordre et un recueillement admirable. Partout sur son passage les rues étaient jonchées de fleurs et toutes les maisons tendues ; de distance en distance des dômes élégamment suspendus dans les airs, formaient en s'abaissant vers la terre comme autant d'arcs de triomphe, ou dans certains quartiers, comme un agréable berceau. Nous ne voulons pas faire remarquer l'éclat, la beauté et la richesse de quelques décorations, car tout le monde avait rivalisé de goût et de zèle pour prouver à l'humble fils du laboureur la vénération et l'amour de ses concitoyens.

Le moment où les Évêques, la mître en tête et la crosse à la main, parurent sur le palier du vaste escalier de Saint-Vaast, offrit quelque chose de vraiment saisissant. Une foule immense les environnait, étagée, pour ainsi dire, sur les quarante-trois marches de cette montée ; au bas, le sol était littéralement couvert de monde, les fenêtres des rez-de-chaussées et de tous les étages, les toits eux-mêmes, tout était rempli des flots d'un peuple le front rayonnant de joie. Nous n'essayerons pas de décrire cette scène émouvante, pas plus que celle, où, réunis sur la Grande Place, au centre de tout le cortége, les vingt-cinq Évêques donnèrent, avec les chants ordinaires, la bénédiction solennelle à la foule recueillie et agenouillée. Il y avait dans ces deux circonstances quelque chose de dramatique et de touchant qui n'appartient qu'à la Religion

La procession rentra dans la Cathédrale vers six heures, au milieu d'une foule toujours également compacte et calme, favorisée par le plus beau temps, malgré la menace de pluie de la matinée, recueillant sur son passage le respect de tous, rencontrant partout des visages ouverts, heureux et sympathiques. Le chemin de fer et les voitures de toutes les routes avaient jeté dans la ville un nombre d'étrangers que l'on porte à plus de quarante mille, et néanmoins l'ordre le plus parfait, le recueillement même le plus profond n'ont pas cessé de régner un seul instant. Aussi, on le voyait, cette foule immense était mue par un autre sentiment que celui de la curiosité ; la foi et la piété se faisaient jour au milieu des groupes les plus pressés, et de tous les côtés à la fois des prières ferventes montaient vers le nouveau défenseur des intérêts spirituels de la contrée. Nosseigneurs les Évêques, nous le savons, ont été vivement émotionnés à la vue du respectueux empressement avec lequel tout ce peuple recevait leur bénédiction épiscopale, et ceux qui habitent les pays les plus religieux ont avoué qu'ils avaient eu bien rarement sous les yeux un si consolant spectacle.

Nous aimons à féliciter les organisateurs de ce magnifique triomphe, et surtout à remercier Mgr Parisis d'en avoir conçu la pensée et de l'avoir si heureusement réalisée, malgré les obstacles de toutes sortes qu'on lui opposa. Son cœur de pasteur et de père a dû surabonder de joie à la vue de ce que nous osons appeler la merveille de la Foi chrétienne.

II.

Le deuxième jour de la fête n'a pas eu, sans doute, l'éclat du premier, puisqu'il n'y avait plus de procession et que tous les offices de l'Église se faisaient dans l'intérieur de la Cathédrale ; néanmoins il n'a pas manqué d'intérêt et il restera dans nos pensées comme une nouvelle gloire pour le Bienheureux et une nouvelle consolation pour la Religion.

Disons avant tout que les pompes religieuses du dimanche et l'animation remarquée dans les rues et les places publiques de la ville étaient l'objet de toutes les conversations. On se montrait unanime à louer le bon esprit dont était animée cette foule immense, accourue de tous les points de la France et de la Belgique, si contenue dans sa curiosité qu'elle se rangeait partout d'elle-même et formait la haie du long cortége, dont elle devenait par cette admirable conduite un des plus beaux ornements, si respectueuse qu'elle se découvrait à l'approche des Evêques et recevait avec des marques non équivoques de satisfaction, souvent à genoux ou du moins profondément inclinée, leur bénédiction épiscopale, si recueillie et si silencieuse, qu'on n'avait jamais vû de piété plus naïve, même dans les processions où le Saint-Sacrement est porté.

Chacun avait à raconter certains épisodes de la journée qui ne manquaient pas d'intérêt. Sur le parcours du cortége, les fenêtres avaient été louées un prix fabuleux, un seul balcon avait rapporté trois cents francs à son propriétaire ; les maisons particulières regorgeaient d'étrangers ; les hôtels refusaient les voyageurs par défaut de place ; les salles à manger ne suffisaient pas dans la plupart d'entre eux, il fallait faire des tentes et manger en plein air ; le soir plusieurs centaines de pèlerins se plaignaient vainement de l'administration du chemin de fer, qui n'avait pas assez de wagons pour les reconduire dans leur foyer ; l'octroi de la ville avait fait des bénéfices énormes pendant la semaine, etc. Après cela, disait l'un, pourquoi cette fête a-t-elle pu rencontrer de la froideur et même de l'hostilité chez quelques hommes de bon sens ? comment expliquer cette attitude maussade ? Ces démonstrations religieuses n'ont-elles pas un beau côté, considérées au point de vue matériel ? Si elles font ressortir les sentiments de foi dont le peuple est encore rempli, malgré les efforts de la mauvaise presse et de la philosophie incrédule, ne contribuent-elles pas à consoler le petit commerce ? ne remplissent-elles pas la caisse municipale comme la bourse des particuliers ? Elles sont donc un bienfait sous le rapport des intérêts humains, en même temps qu'elles nourrissent la piété, et font la gloire de la Religion. Vous demandez des miracles au Bienheureux, disait l'autre, mais cette solennité n'est-elle pas elle-même un miracle des plus beaux, des plus touchants et des plus inattendus ? Car enfin, expliquez, si vous le pouvez, comment cinquante mille hommes accourent de tous les coins du globe pour assister au triomphe d'un pauvre ; comment vingt-quatre Évêques quittent leur diocèse et répondent à l'appel fait par leur confrère dans l'épiscopat ; expliquez cet élan de la population si spontané et si unanime, cet enthousiasme que rien n'a provoqué, qu'on voulait empêcher au contraire par une abstention dédaigneuse, par des bruits tels que ceux-ci : « Il n'y aura pas de procession, — les Évêques n'auront pas la faculté de se réunir, — il y aura du trouble et par suite des dangers ; » bruits colportés jusque dans un rayon de plus de vingt lieues, où l'on espérait jeter l'hésitation et le découragement ; expliquez comment ces flots d'un peuple, qui sillonne la ville en tous sens, encombre non seulement les abords de la basilique, mais les rues par lesquelles doit passer le cortége, demeure calme, silencieux, recueilli, pénétré de l'on ne sait quel sentiment, courbé sous la puissance d'un prestige indéfinissable, dont il ignore lui-même la source, prestige qui lui tient lieu de la force militaire et de la police, qui saisit tous les spectateurs sans distinction jusqu'aux agents de l'autorité elle-même, jusqu'aux braves soldats qui assistent à ce beau spectacle en amateurs chrétiens ? Oh ! si dans ce fait inouï, incroyable si on ne l'avait sous les yeux, il n'y a pas de miracle, où en trouvera-t-on ?...Rien de plus curieux que ces récits piquants et vraiment pittoresques, assaisonnés de traits malins à l'adresse de certaines personnes très-rares, du reste, car ce sera un des caractères de cette magnifique démonstration d'avoir réuni la population entière de notre contrée dans une même pensée de vénération et d'amour pour le glorieux enfant d'Amettes.

La Messe solennelle de lundi a été célébrée par Mgr l'Archevêque de Cambrai, métropolitain, en présence de tous les Prélats, à l'exception de Mgr le Cardinal Mathieu et de Mgr l'Évêque d'Amiens, rappelés par des affaires urgentes ; la Cathédrale était comble, comme la veille, mais le recueillement plus grand encore. Les Orphéonistes ont exécuté une Messe en musique, composée par M. Duhaupas, organiste de la Basilique, connu déjà par des œuvres qui lui ont mérité les félicitations des personnes les plus compétentes. On a remarqué principalement le *Kyrie* et plusieurs passages du *Credo*. L'exécution n'a rien laissé à désirer : les Orphéonistes d'Arras ont fait leurs preuves, et il serait superflu de les louer, puisque chacun de leurs essais devient un triomphe nouveau.

Mgr Plantier, évêque de Nîmes, occupait la chaire évangélique, immédiatement après le chant des vêpres. Sa Grandeur s'est depuis longtemps déjà révélée comme écrivain ; on avait aussi conservé le souvenir de ses belles conférences à Notre-Dame de Paris ; on attendait donc beaucoup. L'attente a été dépassée, et, nous le dirons sans détour, nous avons rarement entendu un discours qui nous ait plus vivement impressionné. Nous essayerions vainement d'en donner une idée, car nous ne pourrions peindre cette douce véhémence, cette chaleur pénétrante, cette animation du geste et de la parole, qui correspondaient si bien à la vivacité de la pensée et à tout ce qu'elle avait de saisissant pour l'immense auditoire, où nous avons surpris plusieurs fois un mouvement d'étonnement et d'approbation semblable à un léger frémissement, tant l'orateur était attachant, incisif et sympathique à la fois.

C'est assurément un des plus beaux panégyriques *du détachement de soi-même*, personnifié dans le Bienheureux Benoît-Joseph Labre. Monseigneur de Nîmes fit ressortir admirablement la noblesse de cet héroïque détachement, en montrant qu'il est glorieux : 1° aux yeux de la religion, parce qu'il est une large participation à la sainte folie de la croix ; 2° sous le rapport de la morale, parce qu'il est le principe des plus sublimes vertus ; 3° au point de vue de la société, parce qu'il est le bouclier seul capable d'émousser les traits de toutes les passions humaines qui en font le malheur. Dans le développement successif de ces trois considérations, et surtout de la dernière, où l'Écriture sainte, la philosophie et l'histoire apportaient chacune leur tribut, la parole de l'orateur était vive, brillante, imagée, constamment pure, simple et sublime. Il nous a paru difficile de porter plus loin l'éloquence de la chaire. Aussi, la foule qui remplissait les vastes nefs et le chœur de la cathédrale était silencieuse, attentive et comme suspendue aux lèvres brûlantes de l'homme de Dieu, malgré le défaut d'espace et l'excessive chaleur dont elle avait à souffrir.

Pendant toute la journée, on voyait encore dans plusieurs rues les décorations, les drapeaux, les oriflammes et les images du Bienheureux dont le nom se trouvait dans toutes les bouches et dont les reliques, en dehors des heures d'office, étaient visitées par un peuple avide de lui offrir le tribut de ses respectueux hommages et de sa filiale confiance.

Vers six heures du soir, Nosseigneurs les Évêques furent solennellement reçus au Petit-Séminaire, où ils assistèrent à la représentation d'un drame, intitulé *le Martyre de saint Agapit*, dont les entr'actes étaient remplis par des morceaux de musique dus à M. Planque, chanoine titulaire, qui en dirigeait l'exécution. Cette soirée dramatique et musicale mérita les applaudissements de la vénérable assemblée.

MM. les Orphéonistes se sont gracieusement prêtés à faire entendre quelques morceaux d'harmonie dans l'intérieur du Palais épiscopal devant les augustes Prélats, qui rendirent un éclatant hommage à leur talent vraiment remarquable.

Qu'on nous permette de terminer l'histoire de cette deuxième journée du triduo par le récit d'une petite scène qui n'est pas dépourvue d'une certaine importance pour apprécier la situation des esprits. Je me trouvais hier matin, disait avec animation une personne inconnue de nous, dans un magasin de la ville, où vint par hasard un monsieur qui, voyant la pluie tomber avec assez d'abondance, annonçait d'un ton railleur que le Ciel voulait sans doute *laver le Bienheureux Labre, qui ne s'était pas souvent lavé pendant les dernières années de sa vie*. Le Ciel, continuait-elle, entendit cette parole et vengea le Saint immédiatement, car le soleil sortit des nuages à l'instant même, et l'après-midi fut des plus belles. Aujourd'hui, au contraire, poursuivait-elle, un bal devait avoir lieu dans les allées des promenades, à l'heure de la prédication, comme pour disputer le public au Bienheureux ; et voilà qu'un affreux orage tombe sur la ville, s'éloigne et revient plusieurs fois, laissant jaillir les éclairs, la foudre, la grêle et une pluie torrentielle, qui se prolonge de manière à rendre impossible toute réunion en plein air. Je ne crie pas au miracle, ajoutait-elle, mais il faut avouer toutefois que la Providence sembla vouloir se moquer du mauvais plaisant, en faisant servir tous les éléments au triomphe de son élu.

III.

Nous voici au troisième jour de nos fêtes ; la ville n'a rien perdu du mouvement qu'on y remarquait les deux jours précédents ; les portes de la Cathédrale étaient toujours assiégées, les rues sillonnées par une foule d'habitants et d'étrangers dont les entretiens roulaient uniquement sur le spectacle imposant qu'ils avaient sous les yeux, à l'occasion de l'Exaltation du Bienheureux. Cet homme, disait-on, qui voulait passer inaperçu sur la terre et s'était ingénié à s'environner d'humiliations et de mépris, devient l'objet de l'attention, du respect et de l'admiration, non-seulement de la ville et de la contrée, mais de la France entière, dont tous les départements semblent s'être donné rendez-vous à Arras.

En effet, si les pèlerins du dimanche étaient retournés chez eux en partie, un nombre considérable pourtant avait voulu voir la fin d'une solennité *qu'on ne voit qu'une fois dans sa vie,* comme on l'entendait répéter de toutes parts. D'un autre côté, des pèlerins nouveaux venaient d'arriver en foule, parmi lesquels plus de quatre cents ecclésiastiques, qui n'avaient pu quitter leur paroisse plus tôt, à cause des offices du dimanche.

La Messe pontificale fut célébrée par Mgr l'Archevêque de Sens, avec la même pompe que les deux jours précédents, toujours devant l'auguste Sénat de l'Église, qui n'avait perdu aucun de ses membres depuis la veille, et l'assemblée des fidèles, non moins nombreuse et non moins recueillie.

La Messe en plain-chant avec accompagnement, dite du Saint-Sacrement du miracle, parce que M. l'abbé Planque la composa pour en célébrer à Douai la fête séculaire, fut exécutée par le même chœur des 300 chanteurs dont nous avons parlé, avec un entrain, un ensemble et une accentuation véritablement remarquables. Plusieurs personnes, sous le charme de cette belle exécution, donnaient la préférence à cette œuvre musicale sur la Messe de dimanche dernier. Nous ne sommes pas compétent pour prononcer dans un pareil débat; nous dirons seulement que cette supériorité dans l'harmonie des voix, qui contribue si puissamment à faire ressortir les beautés d'une composition de ce genre, s'explique peut-être par l'expérience des exécutants, qui, déjà bien des fois, ont chanté la Messe d'aujourd'hui, tandis qu'ils chantaient pour la première fois celle de dimanche, et peut-être encore par la connaissance qu'en avaient les auditeurs eux-mêmes.

Quoiqu'il en soit du mérite relatif de ces deux œuvres, elles ont été beaucoup goûtées par Nosseigneurs les Évêques, et quelques uns d'entre eux se montrent disposés à introduire dans leur diocèse la méthode de chant et d'accompagnement dont ils purent apprécier les résultats pour la majesté des cérémonies saintes et pour l'entretien de la piété dans les fidèles.

Mgr de Poitiers avait reçu la mission de prononcer le panégyrique du Bienheureux ; le programme l'avait annoncé, et la réputation du jeune évêque suffisait pour provoquer une affluence nouvelle au pied de la chaire évangélique.

Il nous semble encore être sous le prestige de cette parole éloquente, retentissant dans toutes les parties du vaste édifice, dominant un auditoire immense, célébrant les gloires de l'humble Benoît, et les desseins providentiels de Dieu dans le fait de sa suprême élévation.

Dans la première partie du discours, quel tableau vif et touchant de la vie du Bienheureux ! Comme l'orateur s'animait par degrés, comme il grandissait son modeste héros, comme il l'élevait jusqu'au rang des plus généreux confesseurs et des plus héroïques martyrs de la pauvreté, de la mortification et de la pénitence chrétienne ! Sous ces traits de feu, qu'il était beau, ce pauvre villageois ! Qu'il était grand dans son mépris de lui-même, dans son dédain pour toutes les choses d'ici-bas ; qu'il était sublime, qu'il était divin dans ses transports d'amour, dans ses saints ravissements, où déjà l'on pouvait contempler en lui comme un reflet de la gloire céleste, et, si on osait le dire, comme un rayonnement de la divinité, qui perçait à travers les haillons dont son corps était couvert! Il y eut alors un moment où l'auditoire, enlevé par la puissante parole de l'Évêque, aurait éclaté en applaudissements chaleureux, s'il n'avait été retenu par le respect du saint Lieu.

La seconde partie du discours, dont le but était de montrer la sagesse divine dans l'exaltation du pauvre de J.-C., n'a pas moins excité l'intérêt des auditeurs par la réfutation de ce naturalisme philosophique qui voudrait se substituer à l'Évangile; par la condamnation de cet amour du bien-être d'où naissent, avec l'abaissement des caractères, les passions les plus dégradantes et les plus dissolvantes à la fois, enfin par la réponse aux objections les plus habituelles contre le genre de vie extraordinaire du Bienheureux. Ce discours est un beau monument élevé à la gloire de notre saint compatriote et l'apologie complète de ses vertus. On ne pouvait couronner plus dignement nos admirables fêtes religieuses.

L'enthousiasme ne finit pas avec l'office solennel. La foule, dont les mouvements comprimés ressemblent au flux et reflux de la mer, s'éloigne à regret du temple où sont déposés les restes vénérés de Benoît-Joseph; et au pied de sa statue, image vivante de lui-même, les scènes les plus émouvantes se renouvellent sans interruption. Des groupes, composés de toutes les classes de la société, stationnent devant elle dans une attitude de profonde méditation; ils lui adressent leurs vœux, la couvrent de leurs baisers, y font toucher des chapelets, des médailles, et jusqu'à leurs vêtements ! Peut-être n'y a-t-il eu rien de plus touchant ni de plus consolant pour les cœurs chrétiens dans ces jours si beaux que cette naïve expression de la foi et de la confiance de tout un peuple.

On ne saurait compter le nombre des médailles, des images et des Vies du Bienheureux, qui furent enlevées pendant ces trois jours. Les magasins, d'ailleurs bien fournis, ne purent suffire à l'avidité des acheteurs. Nous savons qu'un éditeur de sa Vie en a vendu plus de seize mille exemplaires.

Ces faits n'ont besoin de commentaires d'aucune sorte ; ils portent avec eux un enseignement irréfutable, et prouvent combien ils ignoraient les sentiments de nos populations, ceux qui proclamaient peu sympathiques les fêtes préparées en l'honneur du Saint d'Amettes. C'est bien ici que l'on peut répéter cette parole de l'Esprit-Saint : « Ces hommes se disaient sages, et ils étaient atteints de folie, » car peu d'évènements laisseront dans les annales de l'histoire locale des souvenirs à la fois plus touchants et plus glorieux.

Telles furent les solennités dont la ville d'Arras a été témoin, et auxquelles elle a pris la part la plus large et la plus active. Nous croyons pouvoir dire, sans crainte d'être démenti, que nous en avons affaibli l'éclat par notre courte et pâle narration ; aussi nous empressons-nous de suppléer à notre insuffisance, en donnant en grande partie la Lettre pastorale si touchante publiée à cette occasion par notre vénérable Évêque, et quelques passages des journaux étrangers au département : ce sera le moyen de montrer l'unanimité du jugement porté sur nos pieuses démonstrations.

« N. T. C. F., dit Monseigneur, vous avez été plusieurs fois les confidents de nos sollicitudes, et vous vous y êtes toujours associés avec un empressement et une générosité que nous ne saurions trop reconnaître. Tout récemment encore, vous avez connu nos peines et vous les avez partagées avec une pieuse et filiale sympathie Il est donc bien juste qu'aujourd'hui nous vous fassions part des consolations vraiment ineffables qui viennent d'inonder notre cœur.

« Vous y avez particulièrement droit, chers habitants d'Arras, puisqu'après Dieu et vos excellents prêtres, c'est vous qui nous les avez procurées.

« On nous avait dit que les rues de la cité resteraient sans parure ou que la nudité de nombreuses maisons protesterait contre un genre de vertu que nos mœurs actuelles désavouent, et voilà qu'au contraire tous les habitants s'étaient merveilleusement entendus pour que la continuité des mêmes ornements déployés dans chaque rue démontrât le plus parfait accord, tandis que leur diversité dans les quartiers divers révélerait une sainte émulation.

« Aussi que de charmes dans cette diversité ! Tantôt de longues draperies serpentant sur la façade des demeures et les réunissant comme une seule habitation de frères, tantôt de gracieuses guirlandes se jouant au-dessus des têtes et reliant les deux côtés du passage comme pour indiquer encore l'union dans un autre sens.

« Ici c'étaient des dômes transparents et presque vaporeux qu'un soufle léger balançait mollement et semblait seul soutenir ; là c'étaient des tentures princières et des voûtes majestueuses de pourpre et d'or.

« Partout, sur notre passage, depuis le pavé jonché de verdure jusqu'aux plus hautes fenêtres pavoisées au chiffre du Bienheureux, la ville avait revêtu un grand air de fête que nul ne pouvait plus ni voiler ni méconnaître.

« Soyez donc bénis, ô nos chers Fidèles d'Arras, pour ce concours si unanime, si intelligent et si pieux que vous nous avez prêté en cette circonstance unique dans vos plus belles annales. Mais qu'ils soient bénis aussi tous ceux qui ont contribué à la beauté du cortége.

« Cette brillante Garde d'honneur si spontanément formée et si utilement dirigée en tête de la marche ; toutes ces corporations ouvrières portant avec une gravité si simple et si ferme la châsse de leur patron, habilement décorée par leurs soins, et les instruments de leur travail qu'ils consacraient ainsi publiquement à Dieu. Oh! quel intéressant spectacle et quel sujet d'édification ils ont offerts ! Comme le soir ils ont dû rentrer heureux au sein de leurs familles, grandis et sanctifiés par cette haute profession de foi !

« Qu'elles reçoivent aussi nos félicitations particulières, les paroisses qui nous ont envoyé de loin leurs Reliques et le cortége spécial qui devait les entourer. Blangy, Hauteville, Carvin, Marœuil, Sainte-Isbergue, Aire-sur-la-Lys, Saint-Omer, nous voudrions pouvoir décrire ici toutes vos splendeurs, depuis les habits pittoresques des bergers de saint Druon jusqu'aux longs vêtements des vierges qui formaient la couronne de sainte Isbergue. Ah! vous aurez une place marquée dans les récits de cette grande fête, mais vous en aurez une aussi dans les bénédictions divines qu'elle doit attirer sur nos contrées. Oh! non, tant de fatigues volontaires, tant de dépenses onéreuses ne seront pas perdues pour Celui qui ne laisse rien sans récompense.

« Que dire maintenant des honneurs rendus aux Reliques insignes qui sont, avec celle de notre Bienheureux Labre, le trésor principal de notre glorieuse Basilique? Comment décrire tous ces chants religieux, toutes ces musiques retentissantes se succédant pendant la marche, et de loin se croisant dans les airs? Comment représenter tous ces emblêmes, tous ces trophées, tous ces monuments, tous ces costumes si pleins d'enseignements et de souvenirs!

« Il ne nous appartient pas, N. T. C. F., de dire, ni si ce vaste ensemble avait quelque harmonie dans sa variété continuelle, ni si ces trois mille personnes organisées en groupes, ont marché constamment avec ordre et convenance; d'autres ont bien voulu le remarquer. Mais ce que nous nous plaisons à proclamer très-haut, c'est d'abord que si ce bel ordre est dû à une intelligente et active direction, il est dû aussi beaucoup à la douce et religieuse docilité de tous ceux qu'il y avait à conduire; c'est ensuite, que si nous avons trouvé tout près de nous des ressources précieuses pour tant d'ornements divers, nous en avons trouvé surtout dans le zèle des maisons d'éducation et des communautés religieuses de la ville. C'est de là que nous est venu ce qu'il y avait de plus délicat, de plus élégant et de plus riche. Oh! que ne pouvons-nous ici encore décrire, et ces travaux délicieux où l'art inspiré par la foi semblait avoir épuisé ses prodiges, et ces parures éblouissantes que dans leur angélique et grave modestie, paraissaient oublier les pieuses enfants qui les portaient.

« Mais il faut bien le reconnaître, N. T. C. F., le plus grand, le plus beau, le plus riche ornement de cette pompe chrétienne, c'était la présence des vénérables et nombreux Prélats qui la présidaient et la terminaient.

« Quel éclat saisissant! quelle puissance morale! quelle incomparable majesté que ces vingt-quatre Évêques, marchant l'un après l'autre, entourés de leurs assistants et portant les insignes de leur dignité. Aussi comme la foule déjà si respectueuse se recueillait encore à leur approche! comme elle s'agenouillait ou s'inclinait profondément sous leurs mains bénissantes, et comme toute la ville se sentait fière de posséder de tels hôtes! Oh! nous sommes bien sûr, N. T. C. F., que tous avec nous vous demeurerez profondément reconnaissants du souverain honneur que ces illustres Prélats ont daigné nous faire; que vous conserverez précieusement le souvenir des grands exemples qu'ils nous ont donnés et des sublimes enseignements que plusieurs d'entre eux ont daigné nous faire entendre, enfin que vous prierez Dieu de les récompenser du bonheur qu'ils sont venus nous apporter.

« Pour nous, N. T. C. F., ce bonheur a été tel que nous ne saurions l'exprimer et que notre vie entière sera trop courte pour en rendre toutes nos actions de grâces à l'Auteur de tout bien.

Venons aux journaux. Voici d'abord le *Mémorial d'Amiens :* « Depuis longtemps, dit M. Charles Salmon, un de ses rédacteurs présent à la fête, la ville et le diocèse d'Arras se préparaient à célébrer dignement la béatification d'un des plus illustres enfants de l'Artois, Benoît-Joseph Labre, né à Amettes, ancien diocèse de Boulogne. Les 15, 16 et 17 juillet avaient été choisis pour célébrer la gloire de celui qui, pour avoir méprisé les richesses et tous les biens de ce monde, resplendit aujourd'hui pardessus toutes les grandeurs de la terre.

«Dès le 14, Arras avait revêtu un air de fête; la vieille cité artésienne commençait à se parer comme une reine, lors des grands jours ; chaque train du chemin de fer amenait dans ses murs des Prélats, des Évêques, des pèlerins, venus des deux hémisphères honorer l humble Benoît-Joseph ; les rues commençaient à se pavoiser, les maisons se couvraient de tentures annonçant la solennité du lendemain... Le dimanche 15, dès le matin, la foule des fidèles assiégeait les portes de la Basilique de Saint-Vaast, splendidement décorée pour la cérémonie... » Suit le tableau de ces décorations grandioses et du cortége, puis l'auteur ajoute en terminant : « Telle fut la première journée des fêtes par lesquelles le diocèse d'Arras a témoigné sa foi et sa piété. Incomparable manifestation catholique, elle a vivement ému tous ceux qui ont eu le bonheur de la contempler et son souvenir dans leurs âmes y sera impérissable. »

Donnons maintenant quelques lignes tirées de l'*Émancipateur de Cambrai :* « Lorsque nous avons quitté la gare du chemin de fer pour entrer en ville, nous l'avons trouvée toute pavoisée d'étendards bleus et blancs aux chiffres B. L. (Benoît Labre). Une pluie battante se chargeait de l'arrosage des rues, sans déconcerter les promeneurs qui, dans leur foi naïve, justifiée d'ailleurs par l'évènement, se disaient entre eux : Benoît Labre fait bien des choses : il commence par abattre la poussière et il réserve le soleil pour l'heure où son cortége sortira.... La foule s'est montrée d'autant plus respectueuse qu'il n'y avait rien là pour la comprimer. Elle-même formait la haie, et par son attitude recueillie et rayonnante elle semblait appliquer à un prince du ciel ces mots heureux d'un prince de la terre. « Entre mon peuple et moi point de hallebardes! » .... Nous n'avons plus qu'une réflexion à ajouter à cette trop longue et cependant trop incomplète description : jamais grand homme de l'antiquité payenne a-t-il reçu des hommages comparables à ceux que la Religion décerne à ses héros? »

Nous ne voulons extraire qu'une phrase de la *Semaine du Vermandois,* dont le directeur assistait à nos fêtes religieuses : « C'est, dit-il lui-même, c'est de la ville d'Arras, de la ville triomphale du Bienheureux que je vous écris ces lignes. Le récit des fêtes qu'on vient d'y célébrer demanderait un livre, qui se fera, qui se fait sans doute. »

IV. — FÊTE D'AMETTES.

Sans avoir eu, comme on le comprend facilement, la splendeur des démonstrations religieuses d'Arras, que nous venons de raconter, la fête du Bienheureux Benoît-Joseph Labre, à Amettes, laissera néanmoins dans la contrée de profonds souvenirs et contribuera pour sa part à glorifier l'humble serviteur de Dieu.

Malgré la pluie battante de la matinée, la foule arrivait nombreuse de tous les villages voisins, de Lillers, d'Aire, de St-Pol, de St-Omer, de Béthune et des localités plus éloignées; des équipages brillants et beaucoup de personnes bien placées dans la société se trouvaient au milieu du peuple, au moment où commença la messe célébrée par Mgr Scott, camérier du Souverain Pontife, curé-doyen d'Aire, et chantée par les élèves du collège Sainte-Marie de la même ville, auxquels s'étaient réunis ceux du personnat de Dohem.

M. l'abbé Decroix, le vénérable curé d'Amettes, y parut avec les insignes de chanoine de la cathédrale d'Arras; sa promotion, qui datait de la veille, causa une agréable surprise à toute l'assemblée, dont les sympathies lui étaient acquises pour le zèle qu'il avait déployé dans la cause de la béatification de son saint compatriote. Tout le monde la regardait comme une récompense méritée et s'empressait d'applaudir à l'heureuse pensée qu'avait eue Mgr Parisis de la faire coïncider avec l'ouverture de cette belle solennité dont M. Decroix était l'organisateur et l'âme à la fois.

La relique insigne, que l'on sait être la rotule du genou

du Bienheureux, avait été déposée d'abord à Ferfay, et c'est là qu'on devait aller la chercher processionnellement pour la placer dans l'église d'Amettes, si le temps n'était venu déranger les projets primitifs. Le cortége, composé de plus de deux cents prêtres, venus de toutes les parties du diocèse, et de diocèses étrangers, se mit en marche vers deux heures, présidé par Mgr Scott, près duquel on voyait le R. P. Virili, l'infatigable postulateur de la cause de la béatification, le R. P. Desnoyers, auteur de l'exellente Vie de Benoît Labre, les parents du Bienheureux et les nombreux amis de sa famille.

A ce moment le ciel était devenu serein ; le soleil, jusque-là enveloppé d'épais nuages, voulut éclairer cette pompe religieuse, où l'on n'apercevait pas, il est vrai, ces riches et ingénieuses décorations de la ville épiscopale ; où l'on n'entendait pas ces musiques délicieuses, ces chants graves et harmonieux exécutés avec un admirable entrain par un chœur de trois cents voix ; où ne se déroulait pas cette longue file de princes de l'Eglise, revêtus des attributs de leur dignité : mais qui semblait en revanche s'inspirer des souvenirs les plus précieux et les plus touchants. Car cette modeste demeure devant laquelle on passait, c'était celle de Benoît-Joseph Labre ; il y était né, il y avait sucé le goût de la piété avec le lait maternel. Ce foyer domestique avait été témoin de ses vertus naissantes ; cette petite chambre où il prenait son repos nocturne rappelait son innocence, son amour de la mortification et de la pénitence chrétienne; cette terre sur laquelle on marchait, il l'avait lui-même foulée de ses pieds ; ces rues, il les avait parcourues pour se rendre à l'école et au saint lieu ; cette église, où il aimait à servir la messe, redisait sa piété angélique, les saintes joies de son âme, et les flammes divines dont elle était consumée. Tout, jusqu'aux arbres séculaires eux-mêmes, répétait le nom de l'élu de Dieu, tout chantait ses louanges, tout parlait de lui plus éloquemment que ne saurait faire la langue humaine.

C'était sous ces suaves impressions que battaient les cœurs de dix mille pèlerins dont l'émotion se trahissait d'une manière sensible. Aussi, quel recueillement, quelle attitude respectueuse, quelle joie rayonnait sur toutes les figures, quels sentiments de foi et de vive confiance se manifestaient de toutes parts. On sentait qu'on se trouvait sur le sol d'où le saint était sorti, et l'on eut dit qu'une vertu divine s'en exhalait pour éclairer les esprits, et porter les cœurs à l'amour du bien.

Telles étaient les dispositions de l'immense auditoire auquel le R.P. Desnoyers raconta la vie du Bienheureux que personne n'a connu ni goûté mieux que lui. Chacune de ses paroles rencontrait un écho fidèle dans l'âme de cette foule avide de connaître jusqu'aux plus petites particularités de cette existence miraculeuse, et il put se convaincre qu'on ne pouvait porter plus loin la vénération et l'amour de celui que l'Église venait de placer sur ses autels.

Après la cérémonie la foule envahit l'ancienne maison de notre Bienheureux. Chacun voulait la voir de près, la toucher, en remporter quelque chose ; on voulait surtout entrer dans la petite chambre qu'il avait habitée, et qui jusque-là avait été soigneusement conservée dans l'état où elle se trouvait de son temps. On en tenait la porte fermée, parce qu'on prévoyait une insdiscrète curiosité de la part des pèlerins et on en redoutait les suites pour l'existence de cette cellule à laquelle se rattachaient de si touchants souvenirs.

Mais l'enthousiasme ne connaît pas de mesure. On se plaint d'abord de ne pouvoir satisfaire un si pieux désir, des murmures on en vient aux voies de fait, on enfonce la porte avec violence, on prend ce qui tombe sous la main pour en faire autant de reliques, le plancher cède à l'effort de ce nouveau genre d'assaillants, on en recueille les débris, on se les partage et tous sans exception veulent en posséder quelques parcelles ; un pèlerin plus heureux que les autres retournait chez lui muni d'un morceau de poutrelle assez considérable ; on s'en aperçut bientôt, et on le força d'en faire une répartition qui faillit le priver entièrement de ce qu'il regardait comme un précieux trésor. Nous n'approuvons pas sans doute cette espèce de vandalisme qui rendra difficile, sinon impossible, la conservation d'un objet appartenant déjà à l'histoire et à l'archéologie ; mais nous nous demandons comment expliquer ces sympathies d'un peuple pour le pauvre de J.-C., cette sainte folie qui fait oublier les règles des convenances les plus vulgaires, et cela à une époque où la foi aux miracles paraissait avoir disparu du milieu des fidèles. Aussi entendait-on répéter de toutes parts : «Le doigt de Dieu est là !» — Les fêtes du Bienheureux sont un éclatant miracle !

www.ingramcontent.com/pod-product-compliance
Lightning Source LLC
Chambersburg PA
CBHW060907050426
42453CB00010B/1584